Impressum
Verlag: BABADADA GmbH, Nedderfeld 112 , 22529 Hamburg
Geschäftsführer / Verlagsleitung: Harald Hof
Druck: Books on Demand GmbH, In de Tarpen 42, 22848 Norderstedt

Imprint
Publisher: BABADADA GmbH, Nedderfeld 112 , 22529 Hamburg, Germany
Managing Director / Publishing direction: Harald Hof
Print: Books on Demand GmbH, In de Tarpen 42, 22848 Norderstedt, Germany

skole

escuela

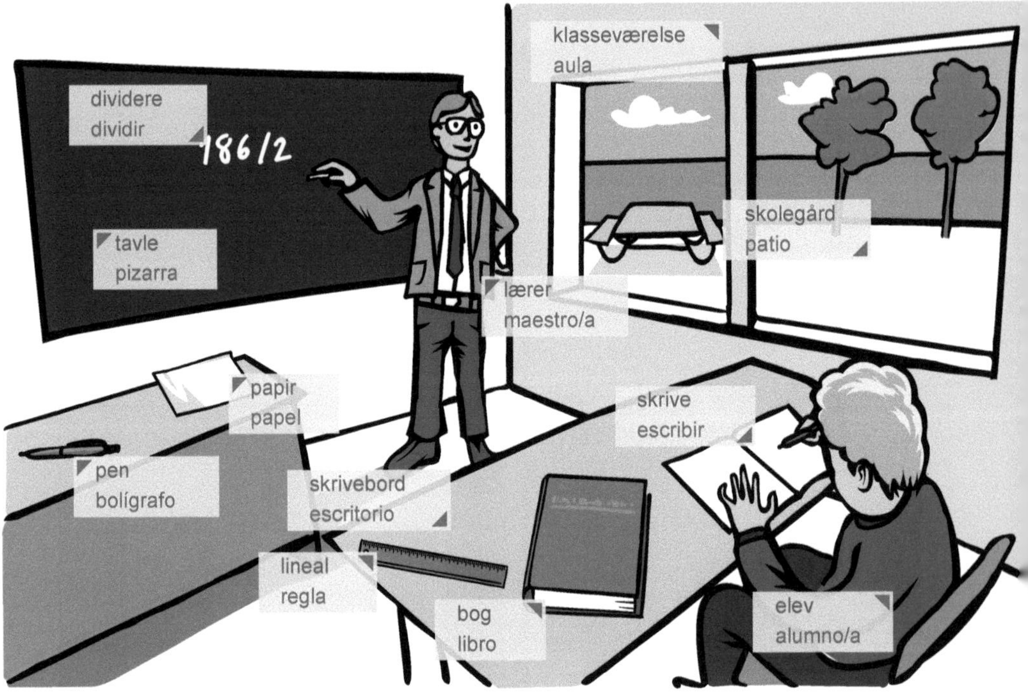
klasseværelse
aula
dividere
dividir
186/2
tavle
pizarra
skolegård
patio
lærer
maestro/a
papir
papel
skrive
escribir
pen
bolígrafo
skrivebord
escritorio
lineal
regla
bog
libro
elev
alumno/a

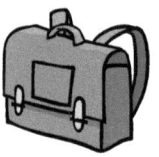

skoletaske
cartera

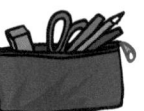

penalhus
caja de lápices

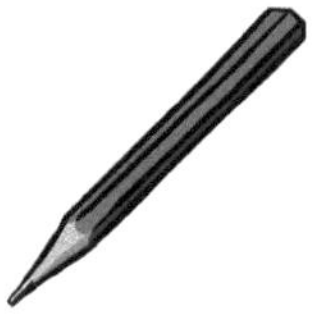

blyant
lápiz

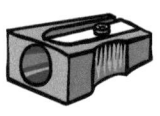

blyantspidser
sacapuntas

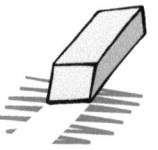

viskelæder
goma de borrar

tegneblok
cuaderno de dibujo

tegning

dibujo

pensel

pincel

æske med vandfarver

caja de pinturas

saks

tijeras

lim

pegamento

opgavehefte

cuaderno de ejercicios

lektie

deberes

tal

número

addere

sumar

subtrahere

restar

multiplicere

multiplicar

regne

calcular

bogstav

letra

alfabet

alfabeto

ord

palabra

tekst

texto

læse

leer

kridt

tiza

time

lección

klasseprotokol

cuaderno de notas

eksamen

examen

karakterbog

certificado

skoleuniform

uniforme escolar

uddannelse

educación

leksikon

enciclopedia

universitet

universidad

mikroskop

microscopio

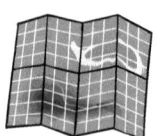

kort

mapa

papirkurv

papelera

rejse
viaje

hotel
hotel
Grand
herberg
albergue
ROOMS
vekselkontor
oficina de cambio de divisas
EXCHANGE
kuffert
maleta
bil
coche

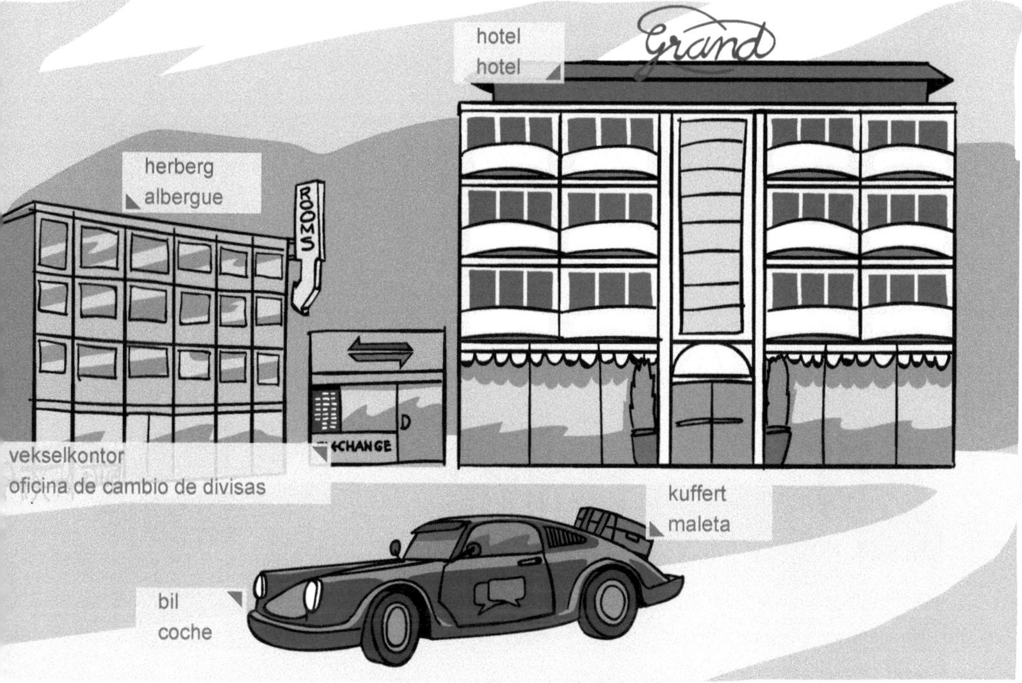

sprog
idioma

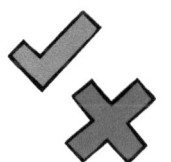

ja / nej
sí / no

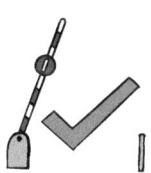

okay
Vale

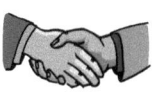

hej
hola

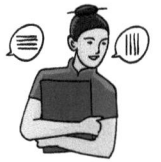

oversætter
traductor

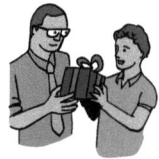

tak
Gracias

hvad koster…?

¿cuánto es…?

Jeg forstår ikke

No entiendo

problem

problema

God aften!

¡Buenas tardes!

God morgen!

¡Buenos días!

God nat!

¡Buenas noches!

farvel

adiós

retning

dirección

bagage

equipaje

taske

bolsa

rygsæk

mochila

gæst

invitado

værelse

habitación

sovepose

saco de dormir

telt

tienda de campaña

turistinformation

información turística

strand

playa

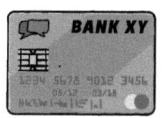

kreditkort

tarjeta de crédito

morgenmad

desayuno

middagsmad

almuerzo

aftensmad

cena

billet

billete

elevator

ascensor

frimærke

sello

grænse

frontera

told

aduana

ambassade

embajada

visum

visa

pas

pasaporte

transport
transporte

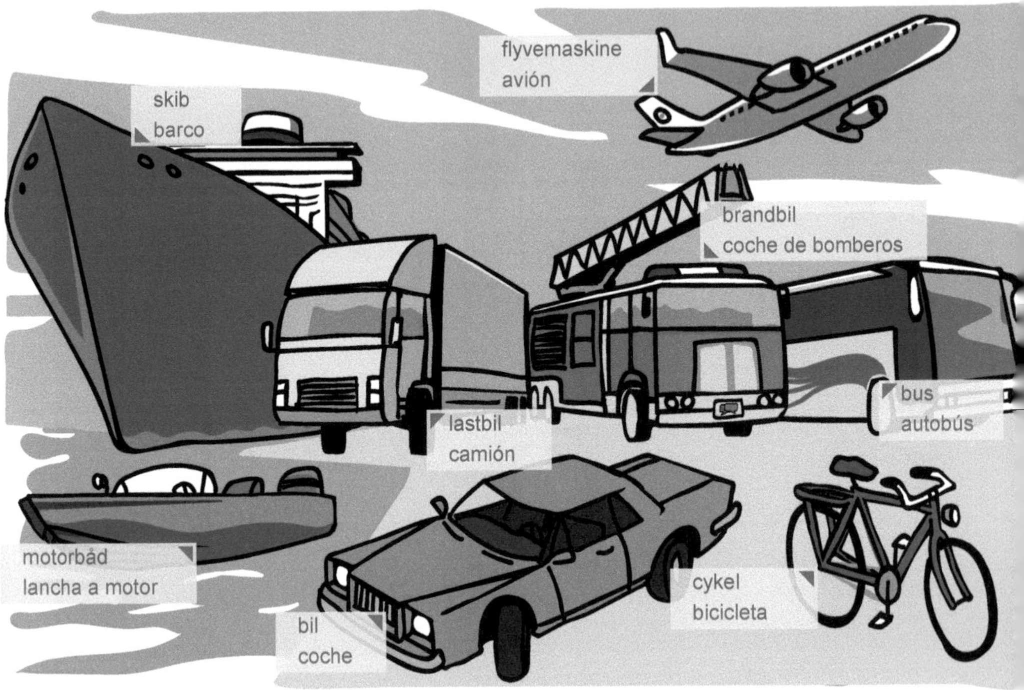

flyvemaskine
avión
skib
barco
brandbil
coche de bomberos
bus
autobús
lastbil
camión
motorbåd
lancha a motor
cykel
bicicleta
bil
coche

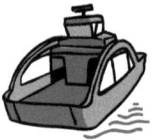

færge

transbordador

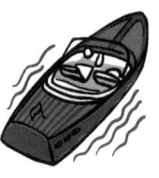

båd

barca

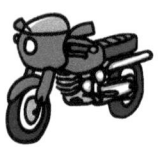

motorcykel

moto

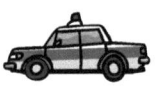

politibil

coche de policía

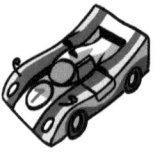

racerbil

coche de carreras

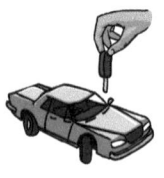

lejebil

coche de alquiler

samkørsel

préstamo de vehículos

kranbil

grúa

skraldebil

camión de la basura

motor

motor

benzin

gasolina

tankstation

gasolinera

trafikskilt

señal de tráfico

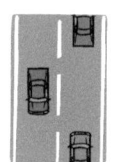

trafik

tráfico

trafikprop

atasco

parkeringsplads

aparcamiento

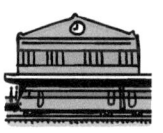

banegård

estación de tren

skinner

vías

tog

tren

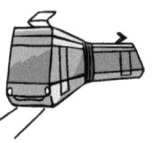

sporvogn

tranvía

wagon

vagón

helikopter
helicóptero

lufthavn
aeropuerto

tårn
torre

passager
pasajero

container
contenedor

karton
caja de cartón

kærre
carretilla

kurv
cesta

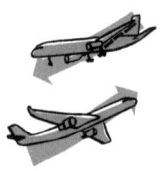

starte / lande
despegar / aterrizar

by
ciudad

landsby
pueblo

bymidte
centro de ciudad

hus
casa

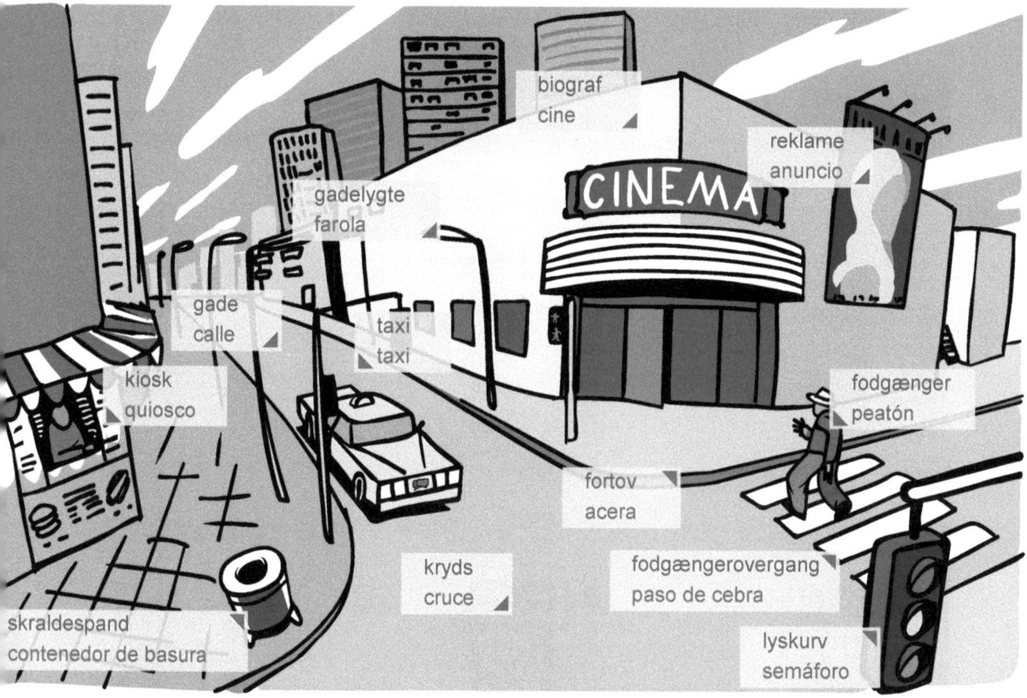
biograf
cine
reklame
anuncio
CINEMA
gadelygte
farola
gade
calle
taxi
taxi
kiosk
quiosco
fodgænger
peatón
fortov
acera
kryds
cruce
fodgængerovergang
paso de cebra
skraldespand
contenedor de basura
lyskurv
semáforo

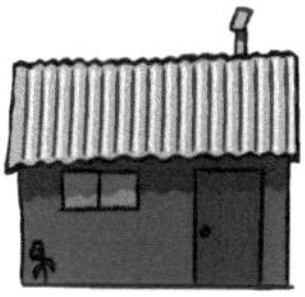

hytte

cabaña

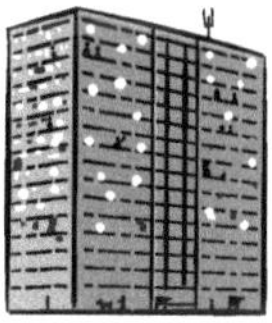

lejlighed

apartamento

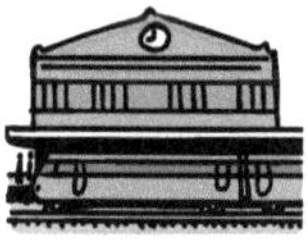

banegård

estación de tren

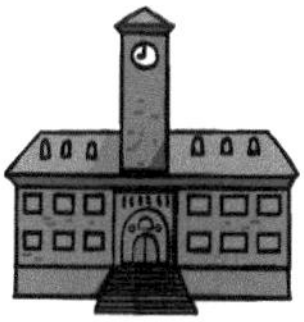

rådhus

ayuntamiento

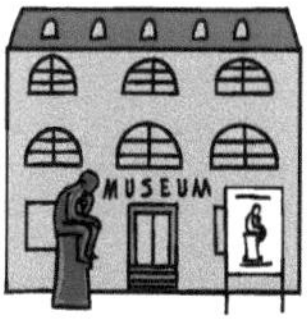
MUSEUM

museum

museo

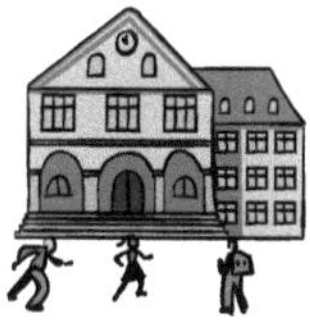

skole

escuela

universitet

universidad

bank

banco

sygehus

hospital

hotel

hotel

apotek

farmacia

kontor

oficina

boghandel

librería

butik

tienda

blomsterbutik

floristería

supermarked

supermercado

marked

mercado

stormagasin

grandes almacenes

fiskehandler

pescadería

butikscenter

centro comercial

havn

puerto

park
parque

bænk
banco

bro
puente

trappe
escaleras

undergrundsbane
metro

tunnel
túnel

busstoppested
parada de autobús

barnevogn
bar

restaurant
restaurante

postkasse
buzón

vejskilt
poste indicador

parkometer
parquímetro

zoo
zoo

badeanstalt
piscina

moske
mezquita

bondegård

granja

miljøforurening

contaminación

kirkegård

cementerio

kirke

iglesia

legeplads

patio de juego

tempel

templo

landskab

paisaje

blad
hoja

vejviser
señal

vej
camino

eng
prado

sten
piedra

træ
árbol

vandrer
excursionista

flod
río

græs
hierba

blomst
flor

dal

valle

bjerg

colina

sø

lago

skov

bosque

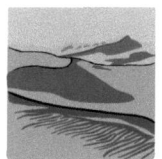

ørken

desierto

vulkan

volcán

slot

castillo

regnbue

arcoíris

svamp

champiñón

palme

palmera

moskito

mosquito

flue

mosca

myre

hormiga

bi

abeja

edderkop

araña

landskab - paisaje

bille

escarabajo

frø

rana

egern

ardilla

pindsvin

erizo

hare

liebre

ugle

lechuza

fugl

pájaro

svane

cisne

vildsvin

jabalí

hjort

ciervo

elg

alce

dæmning

presa

vindmølle

turbina eólica

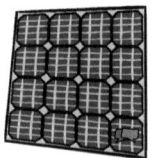

solcellemodul

panel solar

klima

clima

restaurant
restaurante

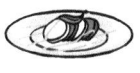

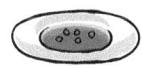

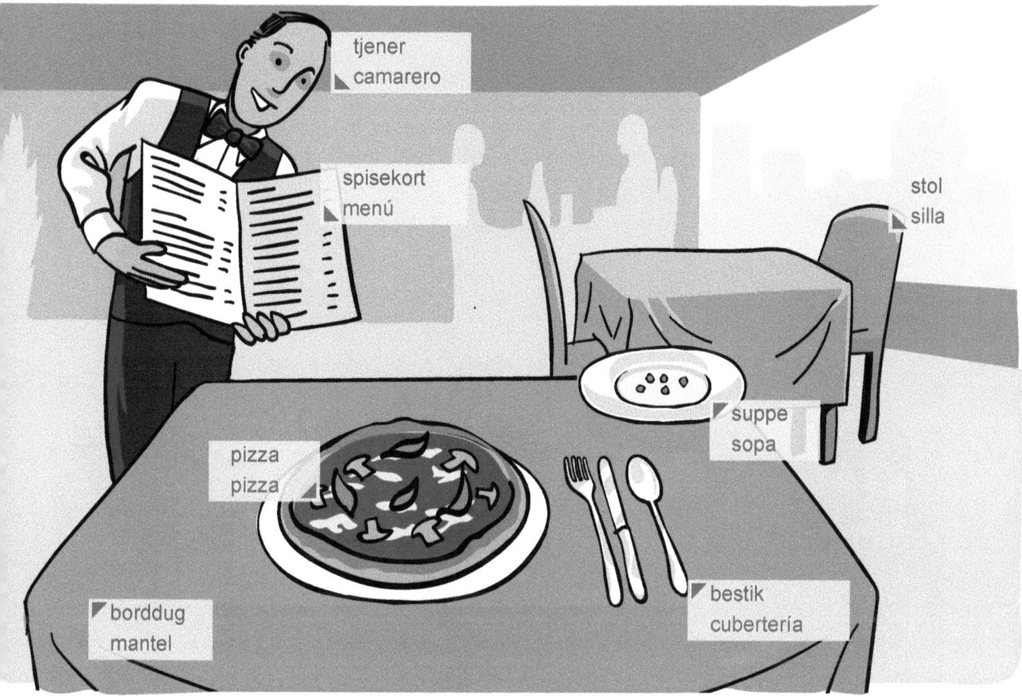
tjener
camarero
spisekort
menú
stol
silla
suppe
sopa
pizza
pizza
bestik
cubertería
borddug
mantel

forret

primer plato

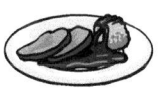

hovedret

plato principal

dessert

postre

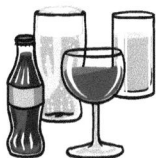

drikkevarer

bebidas

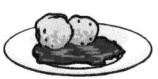

mad

comida

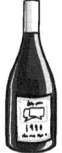

flaske

botella

fastfood

comida rápida

streetfood

comida callejera

tekande

tetera

sukkerdåse

azucarero

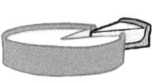

portion

porción

espressomaskine

cafetera expreso

barnestol

trona

faktura

cuenta

tablet

bandeja

kniv

cuchillo

gaffel

tenedor

ske

cuchara

teske

cucharilla

serviet

servilleta

glas

vaso

restaurant - restaurante

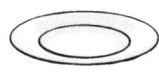

tallerken

plato

dyb tallerken

plato hondo

underkop

platillo

sovs

salsa

saltbøsse

salero

peberkværn

molinillo de pimienta

eddike

vinagre

olie

aceite

krydderier

especias

ketchup

ketchup

sennep

mostaza

mayonnaise

mayonesa

supermarked

supermercado

tilbud
oferta especial
FOR
kunde
cliente
mælkeprodukter
lácteos
indkøbsvogn
carro de la compra
frugt
fruta

BUTCHERS

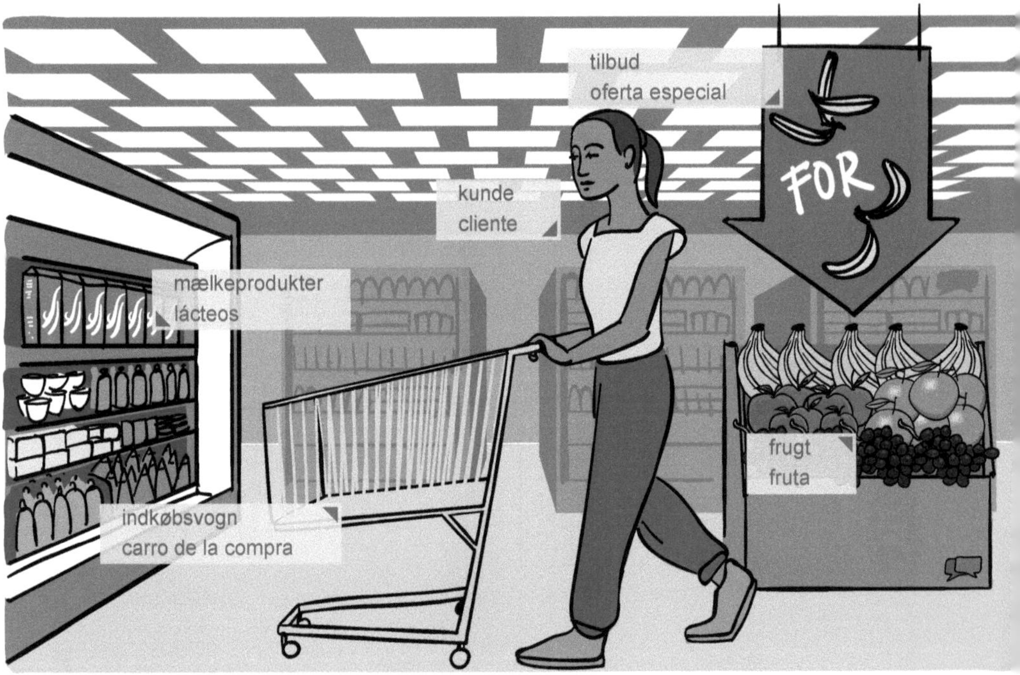

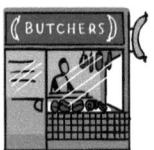

slagter

carnicería

BAKERY

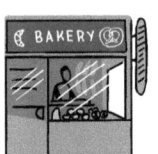

bageri

panadería

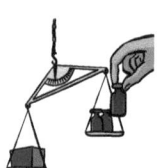

veje

pesar

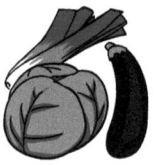

grøntsager

verduras

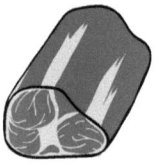

kød

carne

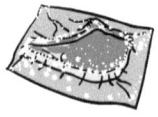

frostvarer

alimentos congelados

pålæg

fiambres

konserves

conservas

vaskemiddel

detergente en polvo

slik

dulces

husholdningsvarer

productos de uso doméstico

rengøringsmidler

productos de limpieza

ekspedient

vendedora

kasse

caja

kasserer

cajero

indkøbsliste

lista de la compra

åbningstider

horario de atención al
público

tegnebog

cartera

kreditkort

tarjeta de crédito

taske

bolsa

plasticpose

bolsa de plástico

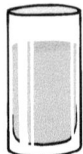

vand

agua

saft

zumo

mælk

leche

cola

cola

vin

vino

øl

cerveza

alkohol

alcohol

kakao

cacao

te

té

kaffe

café

espresso

expreso

cappuccino

capuchino

banan

plátano

æble

manzana

appelsin

naranja

melon

melón

citron

limón

gulerod

zanahoria

hvidløg

ajo

bambus

bambú

løg

cebolla

svamp

champiñón

nødder

avellanas

nudler

fideos

spaghetti

espagueti

ris

arroz

salat

ensalada

pomfritter

patatas fritas

stegte kartofler

patatas fritas

pizza

pizza

hamburger

hamburguesa

sandwich

sándwich

schnitzel

filete

skinke

jamón

salami

salami

pølse

salchicha

kylling

pollo

steg

asado

fisk

pescado

havregryn

copos de avena

mysli

muesli

cornflakes

copos de maíz

mel

harina

croissant

cruasán

rundstykke

panecillo

brød

pan

toast

tostada

kiks

galletas

smør

mantequilla

kvark

cuajada

kage

pastel

æg

huevo

spejlæg

huevo frito

ost

queso

is

helado

sukker

azúcar

honning

miel

marmelade

mermelada

nougat-creme

crema de turrón

karry

curry

bondegård
granja

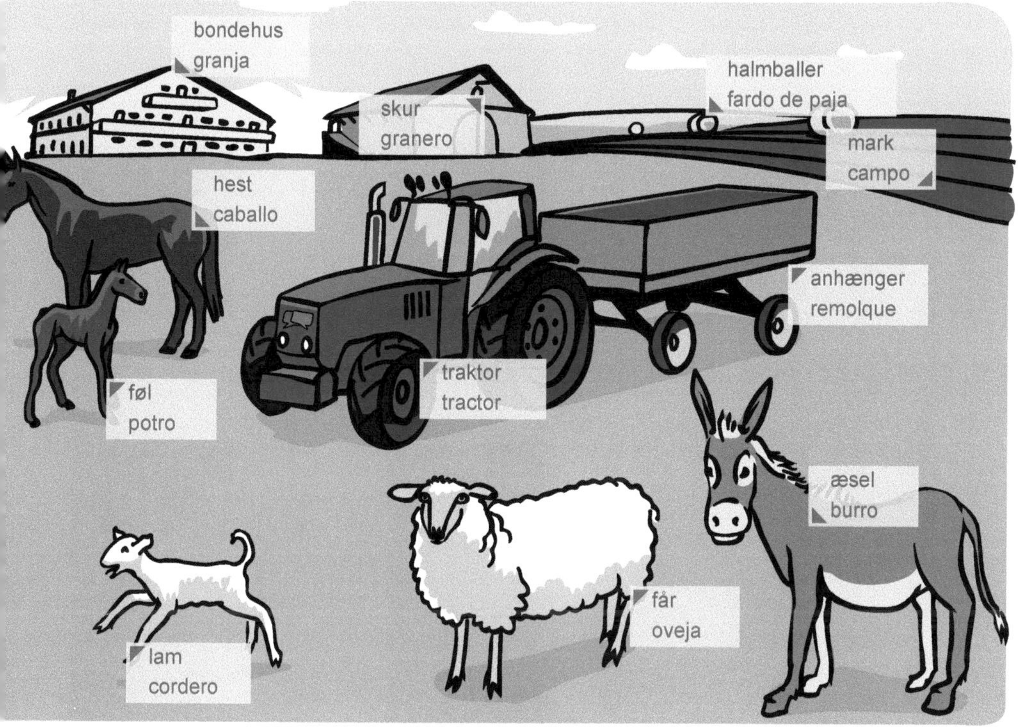

bondehus
granja
skur
granero
halmballer
fardo de paja
mark
campo
hest
caballo
anhænger
remolque
traktor
tractor
føl
potro
æsel
burro
får
oveja
lam
cordero

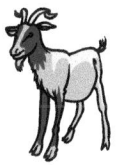

ged
....
cabra

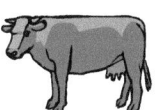

ko
....
vaca

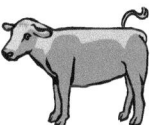

kalv
....
ternero

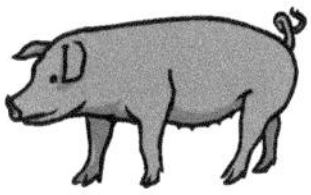

svin
....
cerdo

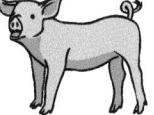

gris
....
cerdito

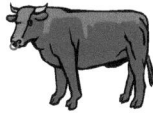

tyr
....
toro

gås

ganso

and

pato

kylling

pollo

høne

gallina

hane

gallo

rotte

rata

kat

gato

mus

ratón

okse

buey

hund

perro

hundehus

perrera

haveslange

manguera

vandkande

regadera

le

guadaña

plov

arado

segl
hoz

hakkejern
azada

møggreb
horca

økse
hacha

trillebør
carretilla

trug
abrevadero

mælkekande
lechera

sæk
saco

hæk
valla

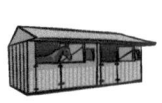

stald
establo

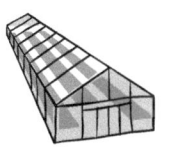

drivhus
invernadero

jord
suelo

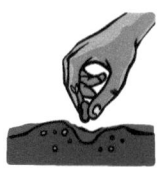

frø
semilla

gødning
fertilizador

mejetærsker
cosechadora

høste

cosechar

høst

cosecha

yams

ñame

hvede

trigo

soja

soja

kartoffel

patata

majs

maíz

raps

semilla de colza

frugttræ

árbol frutal

maniok

mandioca

korn

cereales

hus
casa

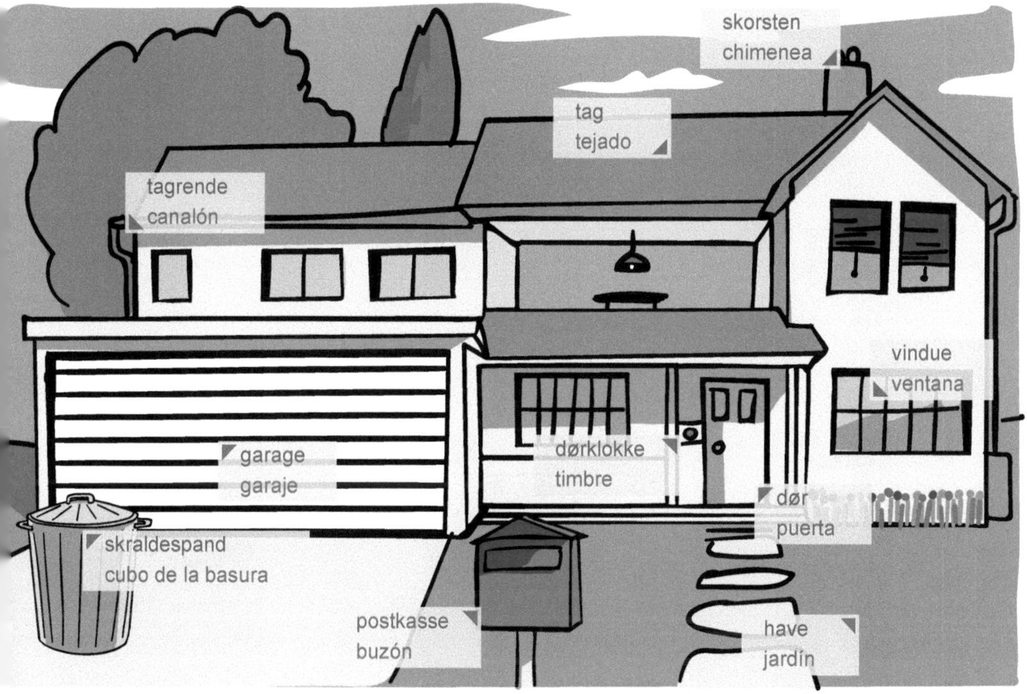
skorsten
chimenea
tag
tejado
tagrende
canalón
vindue
ventana
garage
garaje
dørklokke
timbre
dør
puerta
skraldespand
cubo de la basura
postkasse
buzón
have
jardín

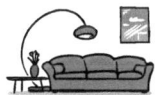

stue
sala

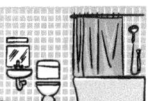

badeværelse
cuarto de baño

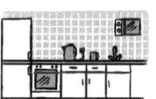

køkken
cocina

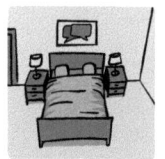

soveværelse
dormitorio

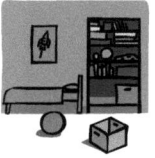

børneværelse
habitación de los niños

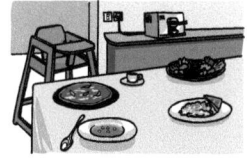

spisestue
comedor

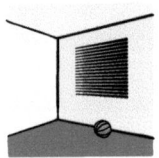

gulv

suelo

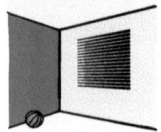

væg

pared

loft

techo

kælder

sótano

sauna

sauna

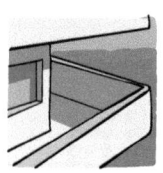

altan

balcón

terrasse

terraza

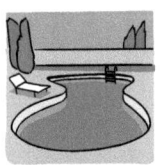

svømmehal

piscina

plæneklipper

cortacésped

dynebetræk

sábana

dyne

colcha

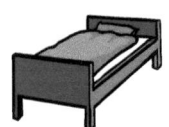

seng

cama

kost

escoba

spand

balde

kontakt

interruptor

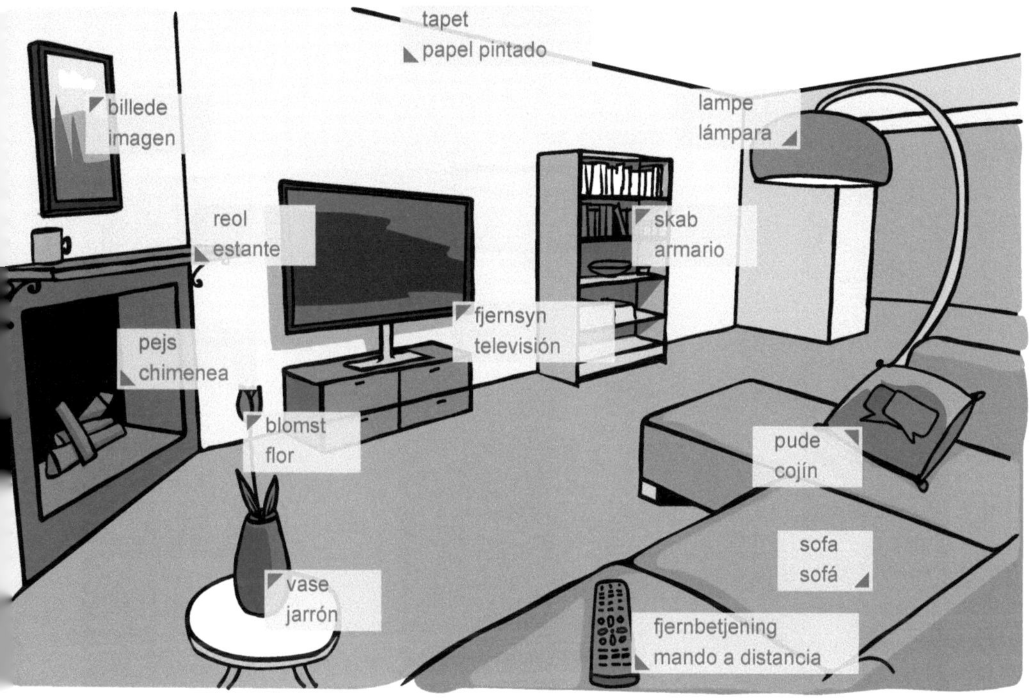

tapet
papel pintado

billede
imagen

lampe
lámpara

reol
estante

skab
armario

fjernsyn
televisión

pejs
chimenea

blomst
flor

pude
cojín

sofa
sofá

vase
jarrón

fjernbetjening
mando a distancia

gulvtæppe
alfombra

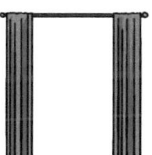

gardin
cortina

bord
mesa

stol
silla

gyngestol
mecedora

lænestol
butaca

bog
libro

tæppe
manta

dekoration
decoración

brænde
leña

film
película

stereoanlæg
equipo de música

nøgle
llave

avis
periódico

maleri
pintura

plakat
póster

radio
radio

notesblok
cuaderno

støvsuger
aspiradora

kaktus
cactus

lys
vela

køkken
cocina

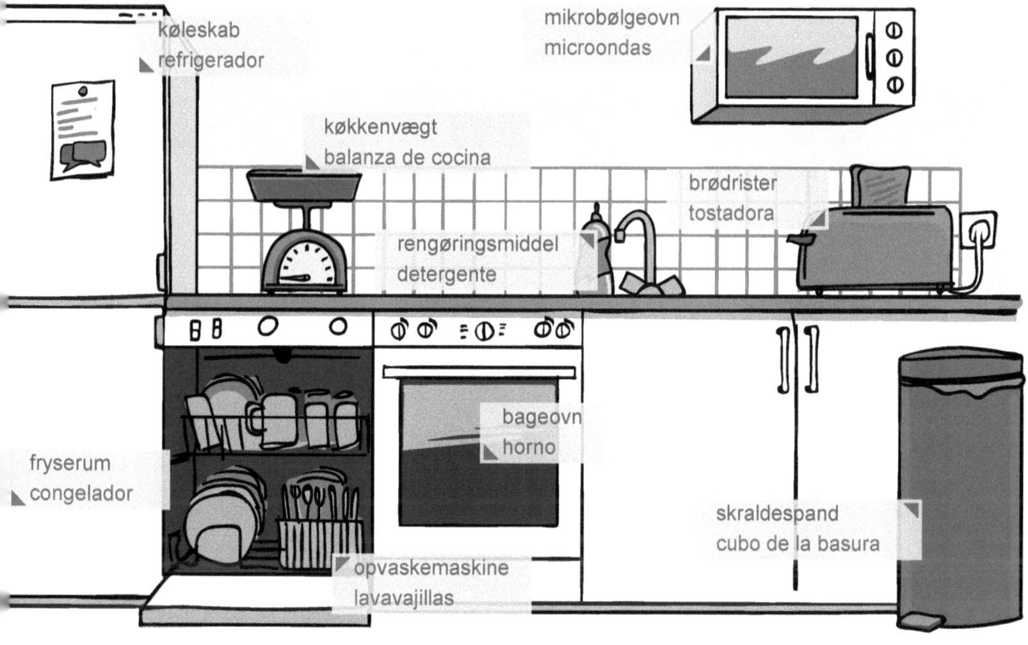
køleskab
refrigerador
mikrobølgeovn
microondas
køkkenvægt
balanza de cocina
brødrister
tostadora
rengøringsmiddel
detergente
bageovn
horno
fryserum
congelador
skraldespand
cubo de la basura
opvaskemaskine
lavavajillas

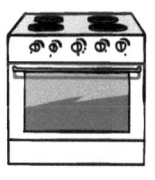

komfur

olla a presión

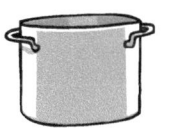

gryde

olla

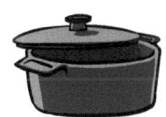

jerngryde

olla de hierro fundido

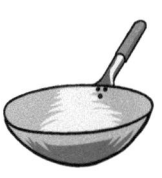

wok / kadai

wok / karahi

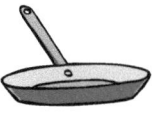

pande

cazuela

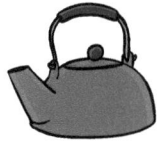

elkedel

hervidor

dampkoger

vaporera

bageplade

chapa de horno

service

vajilla

bæger

taza

skål

tazón

spisepinde

palillos

øseske

cucharón

paletkniv

espumadera

piskeris

batidor

dørslag

colador

si

cedazo

rive

rallador

morter

mortero

grille

barbacoa

ildsted

hoguera

skærebræt

tabla de picar

kagerulle

rodillo

proptrækker

sacacorchos

dåse

lata

dåseåbner

abrelatas

grydelap

agarrador

køkkenvask

lavabo

børste

cepillo

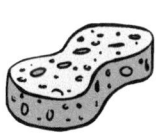

svamp

esponja

blender

batidora

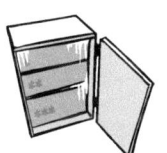

dybfryser

congelador

sutteflaske

biberón

vandhane

grifo

badeværelse

cuarto de baño

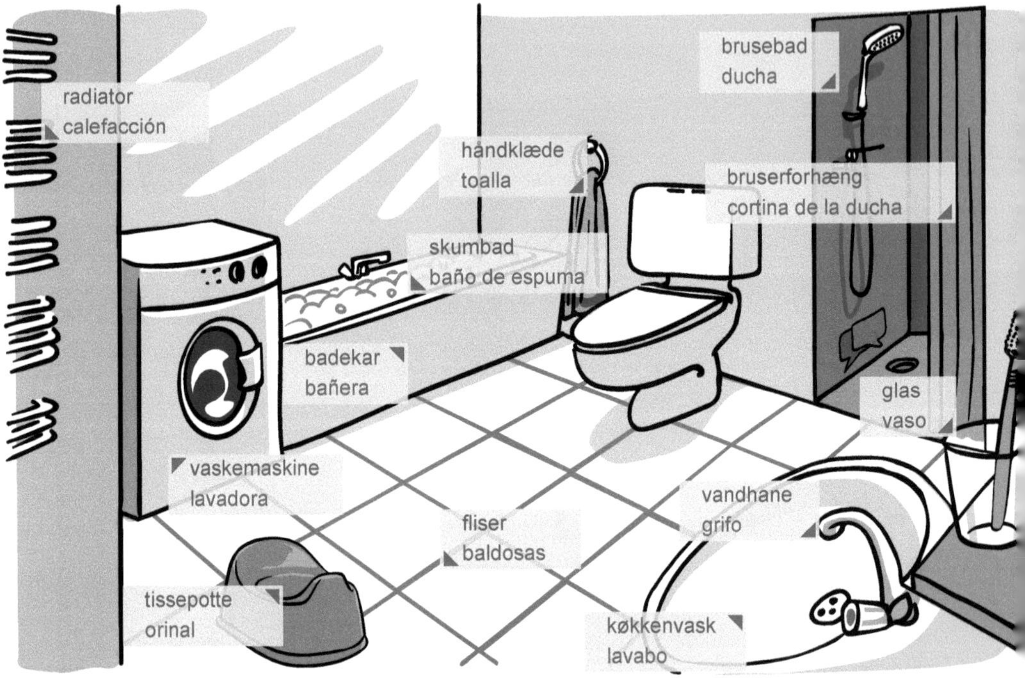

radiator
calefacción
håndklæde
toalla
brusebad
ducha
bruserforhæng
cortina de la ducha
skumbad
baño de espuma
badekar
bañera
glas
vaso
vaskemaskine
lavadora
vandhane
grifo
fliser
baldosas
tissepotte
orinal
køkkenvask
lavabo

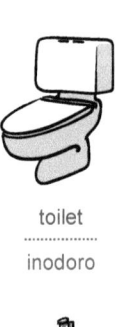

toilet

inodoro

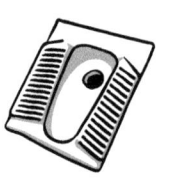

hugsiddende toilet

inodoro rústico

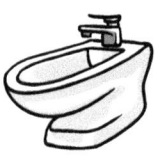

bidet

bidé

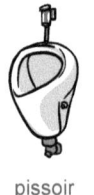

pissoir

urinario

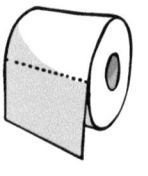

toiletpapir

papel higiénico

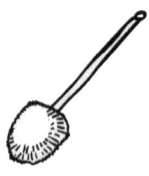

toiletbørste

escobilla del váter

tandbørste
cepillo de dientes

tandpasta
pasta de dientes

tandtråd
hilo dental

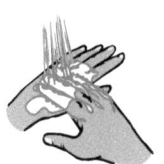

vaske
lavar

håndbruser
ducha de mano

intimbruser
ducha íntima

vaskefad
pila

badebørste
cepillo de espalda

sæbe
jabón

brusegele
gel de ducha

shampoo
champú

vaskeklud
toallita

afløb
desagüe

creme
crema

deodorant
desodorante

spejl

espejo

kosmetikspejl

espejo de tocador

barberhøvl

maquinilla de afeitar

barberskum

espuma de afeitar

barbervand

loción postafeitado

kam

peine

børste

cepillo

hårtørrer

secador

hårspray

laca

makeup

maquillaje

læbestift

pintalabios

neglelak

pintauñas

vat

algodón

neglesaks

cortauñas

parfume

perfume

toilettaske

estuche de viaje

skammel

banqueta

vægt

balanza

badekåbe

albornoz

gummihandsker

guantes de goma

tampon

tampón

damebind

compresa

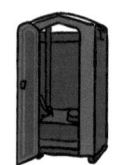

kemisk toilet

inodoro químico

børneværelse
habitación de los niños

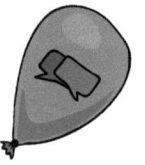

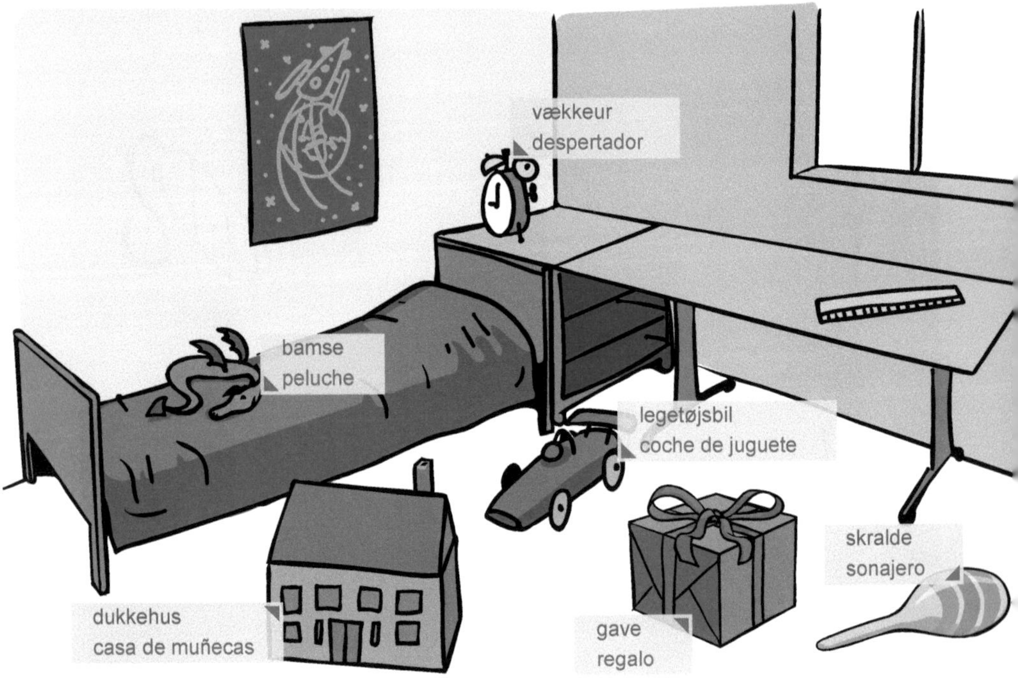
vækkeur
despertador
bamse
peluche
legetøjsbil
coche de juguete
skralde
sonajero
dukkehus
casa de muñecas
gave
regalo

ballon
globo

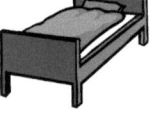

seng
cama

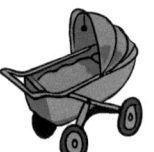

barnevogn
coche de niño

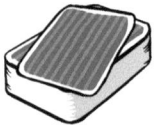

kortspil
naipes

puslespil
puzle

SUPER MEGA

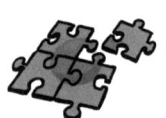

tegneserie
tebeo

legoklodser

piezas de lego

byggeklodser

bloques de juguete

action figur

figura de acción

sparkedragt

bodi (de bebé)

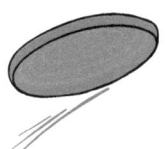

frisbee

frisbee

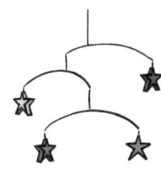

uro

colgador móvil para bebés

brætspil

juego de mesa

terning

dados

modeljernbane

circuito de tren eléctrico

sut

maniquí

fest

fiesta

billedbog

álbum de fotos

bold

pelota

dukke

muñeca

lege

jugar

sandkasse

cajón de arena

gynge

columpio

legetøj

juguetes

spillekonsol

videoconsola

trehjulet cykel

triciclo

bamse

oso de peluche

klædeskab

guardarropa

tøj

ropa

sokker

calcetines

strømper

medias

strømpebukser

leotardos

sjal
bufanda

paraply
paraguas

T-shirt
camiseta

bælte
cinturón

støvler
botas

hjemmesko
zapatillas

sneakers
deportivas

sandaler	sko	gummistøvler
sandalias	zapatos	botas de goma

underbukser	BH	undertrøje
slip	sostén	chaleco

body
bodi

bukser
pantalones

jeans
vaqueros

nederdel
falda

bluse
blusa

skjorte
camisa

pullover
jersey

sweatshirt
suéter

blazer
blazer

jakke
chaqueta

frakke
abrigo

regnfrakke
gabardina

kostume
traje

kjole
vestido

brudekjole
vestido de novia

jakkesæt

traje

nattrøje

camisón

pyjamas

pijama

sari

sari

hovedtørklæde

bandana

turban

turbante

burka

burka

kaftan

caftán

abaya

abaya

badedragt

traje de baño

badebukser

bañador

korte bukser

pantalones cortos

træningsdragt

chándal

forklæde

delantal

handsker

guantes

knap

botón

briller

gafas

armbånd

brazalete

kæde

collar

ring

anillo

ørering

pendiente

hue

gorra

bøjle

percha

hat

sombrero

slips

corbata

lynlås

cremallera

hjelm

casco

seler

tirantes

skoleuniform

uniforme escolar

uniform

uniforme

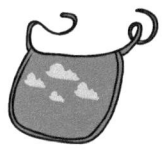

hagesmæk

babero

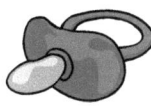

sut

maniquí

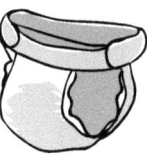

ble

pañal

kontor
oficina

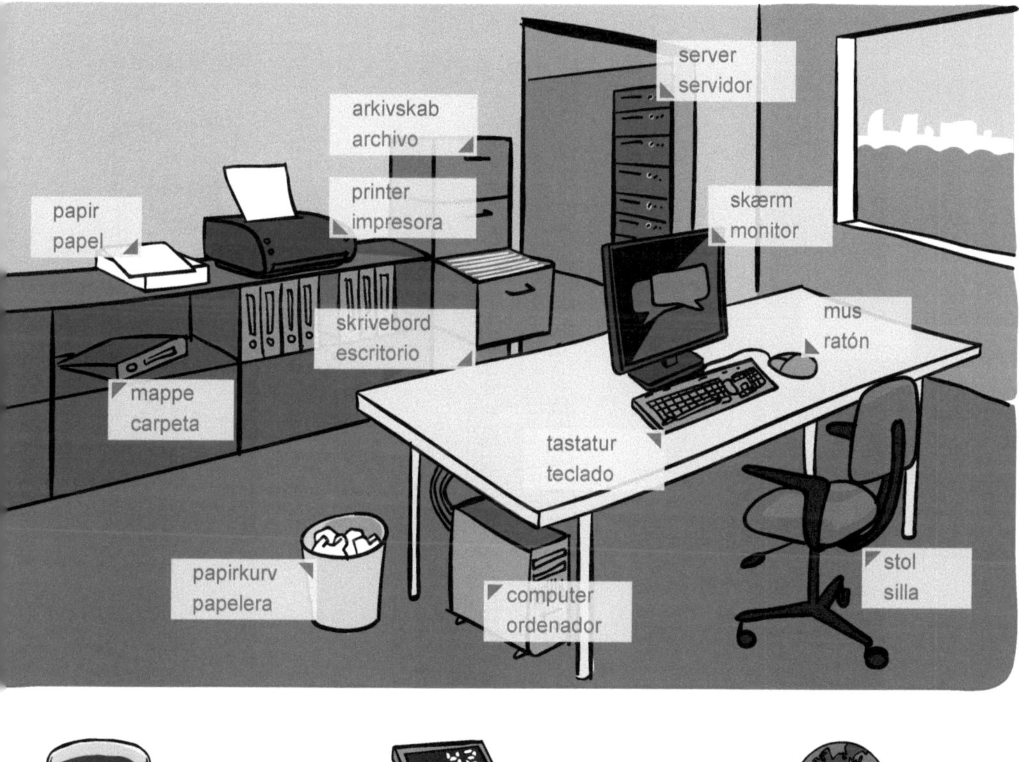
server
servidor
arkivskab
archivo
printer
impresora
papir
papel
skærm
monitor
skrivebord
escritorio
mus
ratón
mappe
carpeta
tastatur
teclado
papirkurv
papelera
computer
ordenador
stol
silla

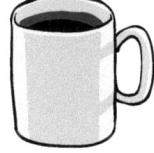

kaffekrus

taza de café

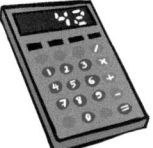

lommeregner

calculadora

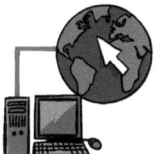

internet

internet

bærbar

portátil

brev

carta

besked

mensaje

mobil

móvil

netværk

red

kopimaskine

fotocopiadora

software

software

telefon

teléfono

stikdåse

toma de corriente

fax

fax

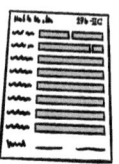

formular

formulario

dokument

documento

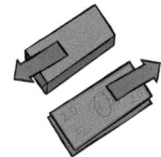

købe

comprar

betale

pagar

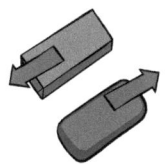

handle

comerciar

penge

dinero

dollar

dólar

euro

euro

yen

yen

rubel

rublo

schweizerfranc

franco suizo

renminbi yuan

renminbi yuan

rupee

rupia

hæveautomat

cajero automático

vekselkontor

oficina de cambio de divisas

guld

oro

sølv

plata

olie

petróleo

energi

energía

pris

precio

kontrakt

contrato

skat

impuesto

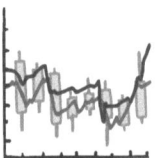

aktie

acción

arbejde

trabajar

ansat

empleado

arbejdsgiver

empleador

fabrik

fábrica

butik

tienda

politimand
agente de policía

brandmand
bombero

pilot
piloto

kok
cocinero

læge
médico

gartner

jardinero

tømrer

carpintero

syerske

costurera

dommer

juez

kemiker

farmacéutico

skuespiller

actor

buschauffør

conductor de autobús

taxachauffør

taxista

fisker

pescador

rengøringskone

señora de la limpieza

tagdækker

techador

tjener

camarero

jæger

cazador

maler

pintor

bager

panadero

elektriker

electricista

bygningsarbejder

obrero

ingeniør

ingeniero

slagter

carnicero

vvs-mand

fontanero

postbud

cartero

soldat

soldado

arkitekt

arquitecto

kasserer

cajero

blomsterhandler

florista

frisør

peluquero

togfører

revisor

mekaniker

mecánico

kaptajn

capitán

tandlæge

dentista

videnskabsmand

científico

rabbiner

rabino

imam

imán

munk

monje

præst

sacerdote

værktøj
herramientas

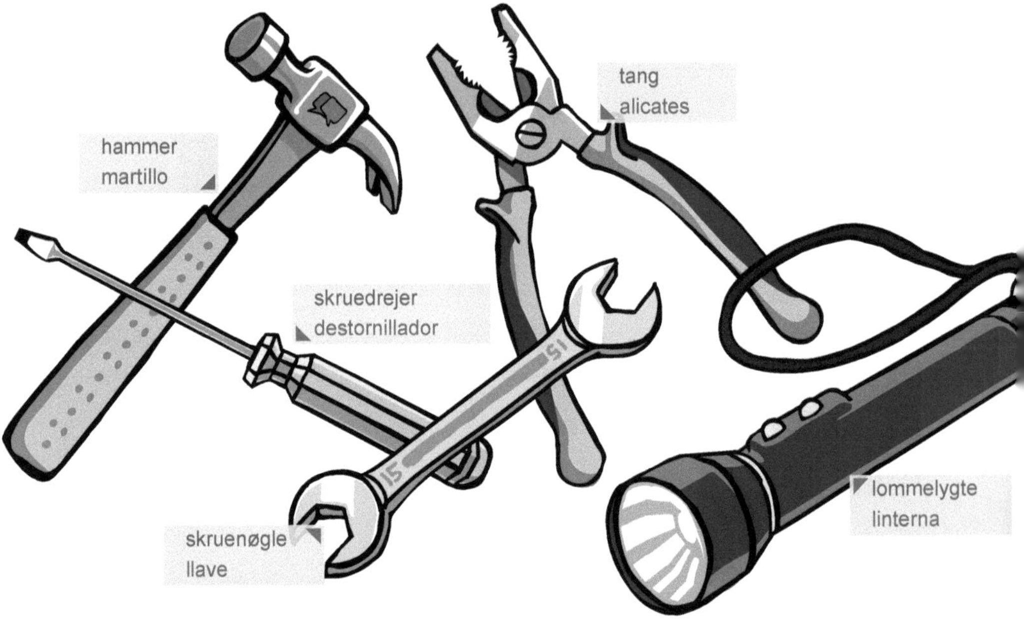

hammer
martillo

tang
alicates

skruedrejer
destornillador

skruenøgle
llave

lommelygte
linterna

gravemaskine
excavadora

værktøjskasse
caja de herramientas

stige
escalera de mano

sav
sierra

søm
clavos

bor
taladro

reparere
....
reparar

skovl
....
pala

Lort!
....
¡Maldita sea!

fejebakke
....
recogedor

malerspand
....
bote de pintura

skruer
....
tornillos

musikinstrumenter

instrumentos musicales

trommer
batería

højttaler
altavoz

guitar
guitarra

kontrabas
contrabajo

trompet
trompeta

klaver

piano

violin

violín

bas

bajo

pauke

timbales

tromme

tambor

keyboard

teclado

saxofon

saxofón

fløjte

flauta

mikrofon

micrófono

ZOO

ZOO

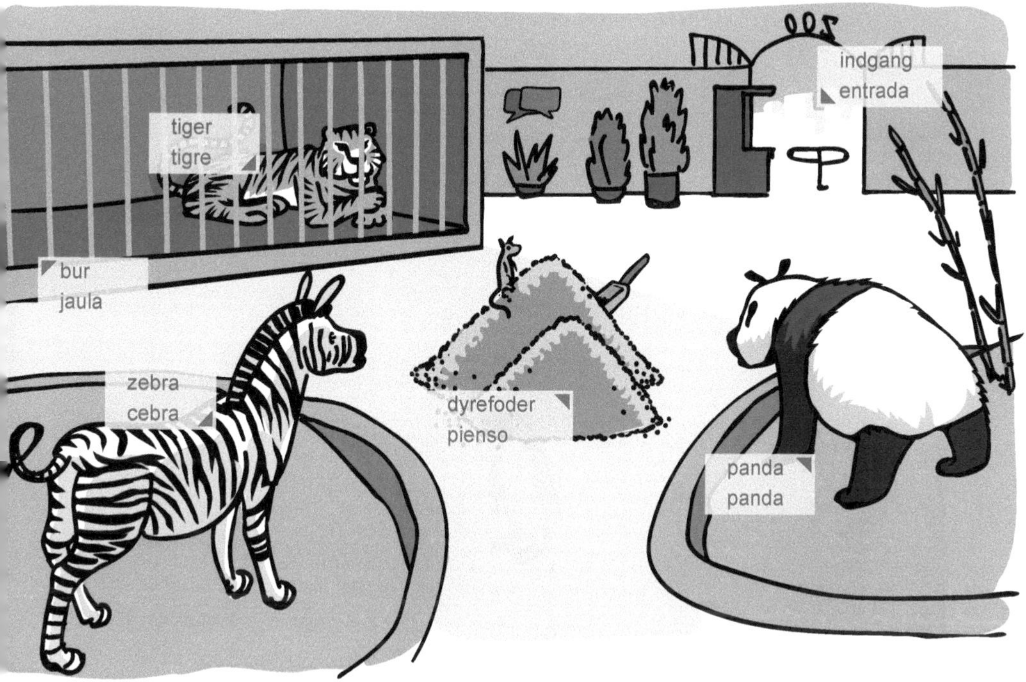
zoo
indgang
entrada
tiger
tigre
bur
jaula
zebra
cebra
dyrefoder
pienso
panda
panda

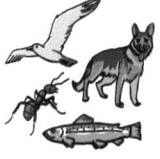

dyr
animales

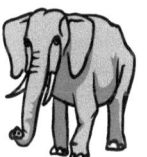

elefant
elefante

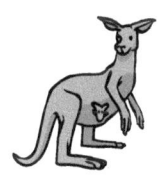

kænguru
canguro

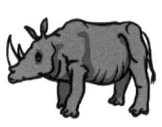

næsehorn
rinoceronte

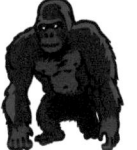

gorilla
gorila

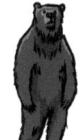

bjørn
oso

kamel

camello

struds

avestruz

løve

león

abe

mono

flamingo

flamingo

papegøje

loro

isbjørn

oso polar

pingvin

pingüino

haj

tiburón

påfugl

pavo real

slange

serpiente

krokodille

cocodrilo

dyrepasser

guardián de zoológico

sæl

foca

jaguar

jaguar

pony
poni

leopard
leopardo

flodhest
hipopótamo

giraf
jirafa

ørn
águila

vildsvin
jabalí

fisk
pescado

skildpadde
tortuga

hvalros
morsa

ræv
zorro

gazelle
gacela

amerikansk football
fútbol americano

cykling
ciclismo

tennis
tenis

basketball
baloncesto

svømning
natación

boksning
boxeo

ishockey
hockey sobre hielo

fodbold
fútbol

badminton
bádminton

atletik
atletismo

håndbold
balonmano

skiløb
esquí

polo
polo

aktiviteter
actividades

grine
reír
springe
saltar
give et knus
abrazar
gå
caminar
synge
cantar
drømme
soñar
bede
rezar
kysse
besar

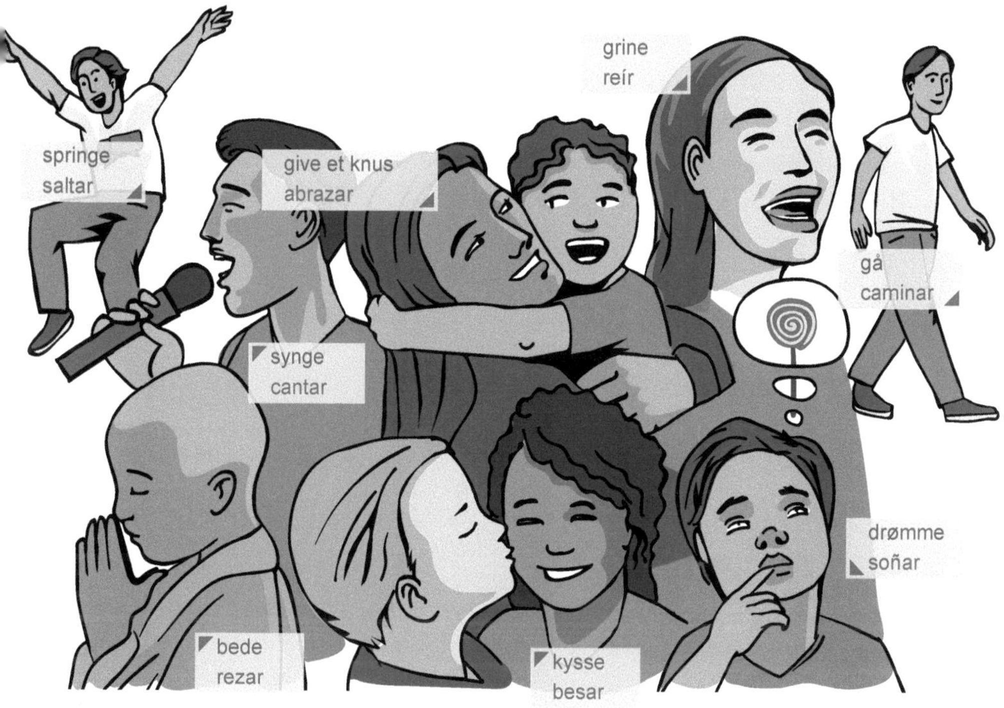

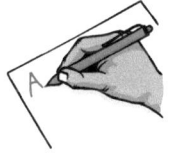

skrive
escribir

tegne
dibujar

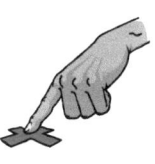

vise
mostrar

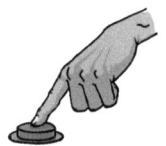

skubbe
empujar

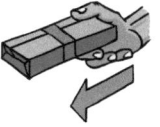

give
dar

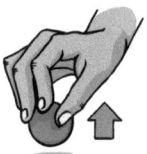

tage
tomar

have
tener

gøre
hacer

være
ser

stå
estar de pie

løbe
correr

trække
tirar

kaste
tirar

falde
caer

ligge
yacer

vente
esperar

bære
llevar

sidde
estar sentado

tage på
vestirse

sove
dormir

vågne
despertar

se på
mirar

græde
llorar

ae
acariciar

kæmme
peinar

tale
hablar

forstå
entender

spørge
preguntar

høre
escuchar

drikke
beber

spise
comer

rydde op
ordenar

elske
amar

koge
cocinar

køre
conducir

flyve
volar

sejle

navegar

regne

calcular

læse

leer

lære

aprender

arbejde

trabajar

gifte sig med

casarse

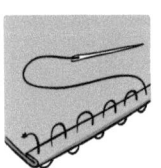

sy

coser

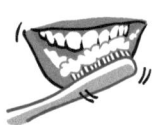

børste tænder

cepillarse los dientes

dræbe

matar

ryge

fumar

sende

enviar

bedstemor
abuela

bedstefar
abuelo

far
padre

mor
madre

baby
bebé

datter
hija

søn
hijo

gæst
invitado

tante
tía

onkel
tío

bror
hermano

søster
hermana

krop
cuerpo

pande
frente
øje
ojo
skulder
hombro
finger
dedo
ansigt
cara
hage
barbilla
hånd
mano
ben
pierna
bryst
pecho
arm
brazo

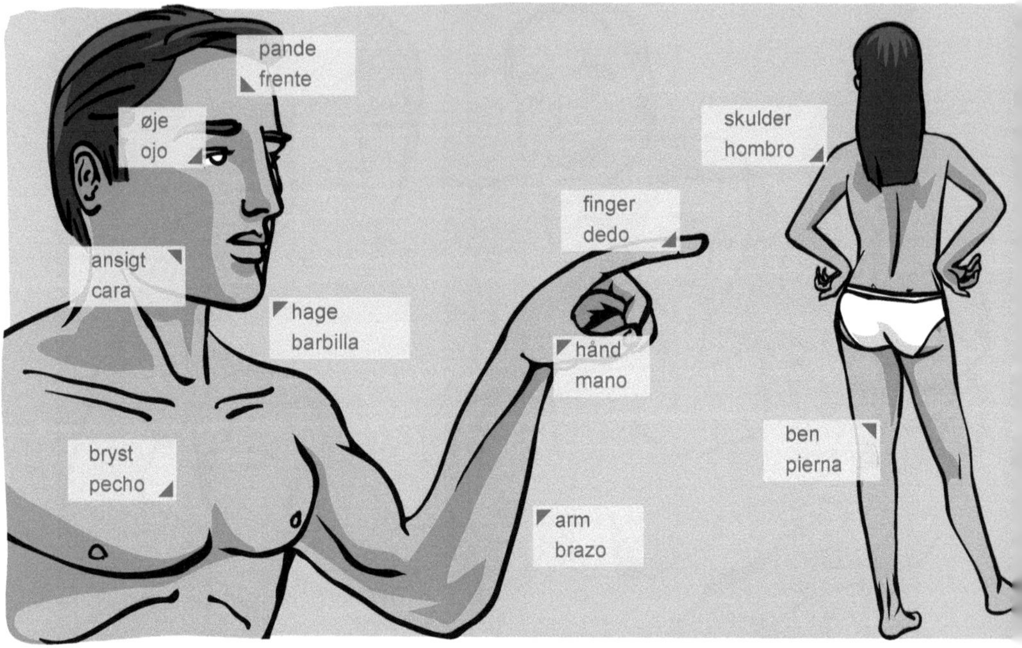

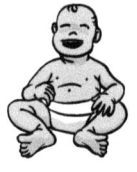

baby
bebé

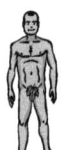

mand
hombre

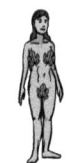

kvinde
mujer

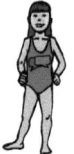

pige
chica

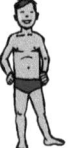

dreng
chico

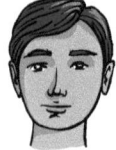

hoved
cabeza

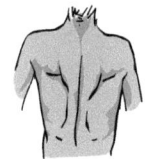

ryg

espalda

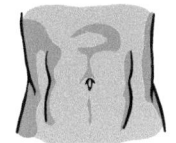

mave

vientre

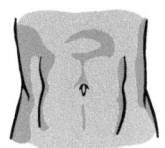

navle

ombligo

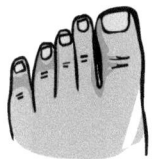

tå

dedo del pie

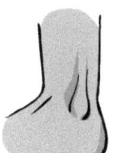

hæl

talón

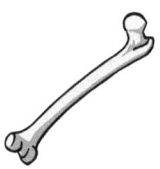

knogle

hueso

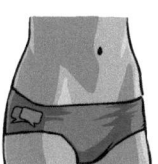

hofte

cadera

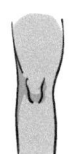

knæ

rodilla

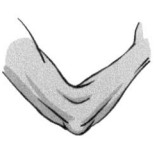

albue

codo

næse

nariz

bagdel

trasero

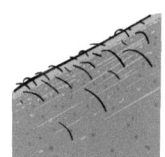

hud

piel

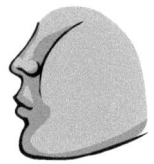

kind

mejilla

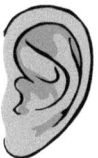

øre

oído

læbe

labio

mund
boca

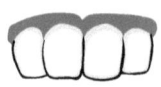

tand
diente

tunge
lengua

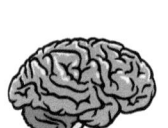

hjerne
cerebro

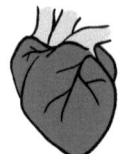

hjerte
corazón

muskel
músculo

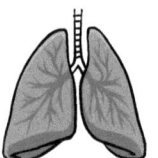

lunge
pulmón

lever
hígado

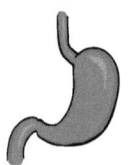

mavesæk
estómago

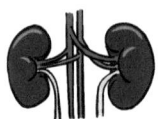

nyrer
riñones

sex
sexo

kondom
condón

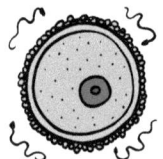

ægcelle
ovario

sperm
semen

svangerskab
embarazo

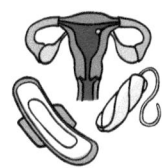

menstruation

menstruación

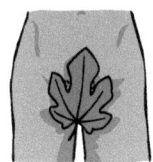

vagina

vagina

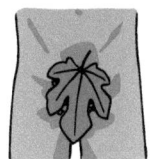

penis

pene

øjenbryn

ceja

hår

pelo

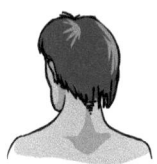

hals

cuello

sygehus
hospital

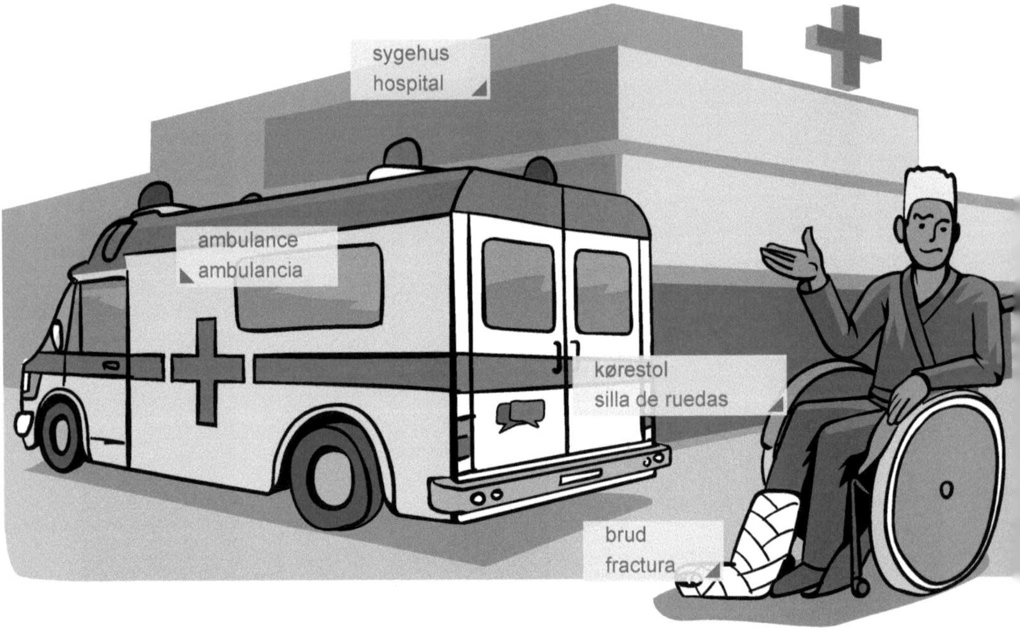

sygehus
hospital
ambulance
ambulancia
kørestol
silla de ruedas
brud
fractura

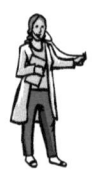

læge

médico

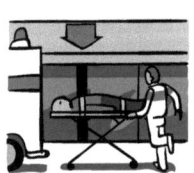

akutmodtagelse

sala de urgencias

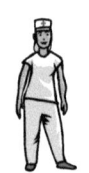

sygeplejerske

enfermera

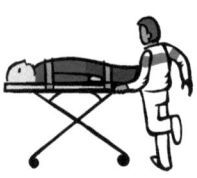

nødstilfælde

urgencia

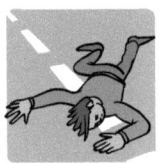

bevidstløs

inconsciente

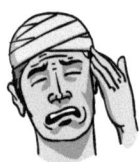

smerte

dolor

skade
lesión

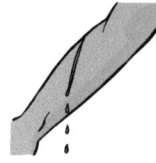

blødning
hemorragia

hjerteinfarkt
infarto

slagtilfælde
ictus

allergi
alergia

hoste
tos

feber
fiebre

influenza
gripe

diarré
diarrea

hovedpine
dolor de cabeza

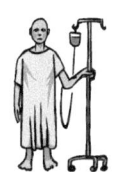

kræft
cáncer

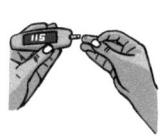

diabetes
diabetes

kirurg
cirujano

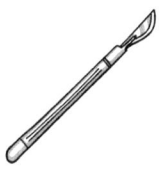

skalpel
bisturí

operation
operación

CT
TAC

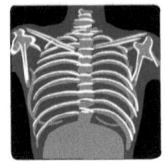

røntgen
rayos x

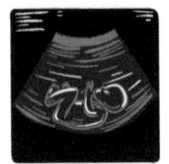

ultralyd
ultrasonido

maske
mascarilla

sygdom
enfermedad

venteværelse
sala de espera

krykke
muleta

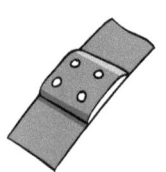

plaster
tirita

forbinding
venda

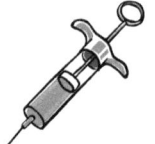

injektion
inyección

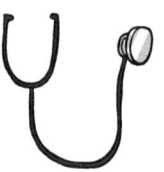

stetoskop
estetoscopio

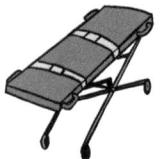

båre
camilla

termometer
termómetro

fødsel
nacimiento

overvægt
sobrepeso

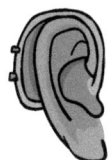

høreapparat
audífono

desinficerende middel
desinfectante

infektion
infección

virus
virus

HIV / AIDS
VIH / SIDA

medicin
medicina

vaccination
vacunación

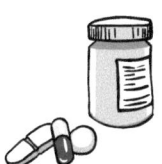

tabletter
tabletas

pille
pastilla

nødopkald
llamada de urgencia

blodtryksmåler
tensiómetro

syg / rask
enfermo / sano

Hjælp!

¡Socorro!

alarm

alarma

overfald

asalto

angreb

ataque

fare

peligro

nødudgang

salida de emergencia

Det brænder!

¡Fuego!

ildslukker

extintor de incendios

uheld

accidente

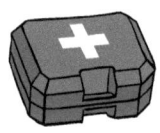

førstehjælps-kuffert

botiquín de primeros auxilios

SOS

SOS

politi

policía

Europa

Europa

Nordamerika

Norteamérica

Sydamerika

Sudamérica

Afrika

África

Asien

Asia

Australien

Australia

Atlanterhavet

Atlántico

Stillehavet

Pacífico

Indiske Ocean

Océano Índico

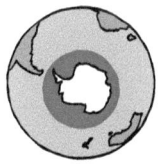

Sydlige Ishav

Océano Antártico

Ishav

Océano Ártico

Nordpol

polo norte

Sydpol

polo sur

Antarktis

Antártida

Jorden

tierra

land

tierra

hav

mar

ø

isla

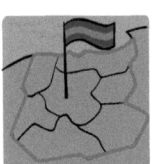

nation

nación

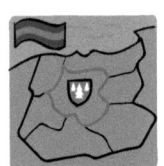

stat

estado

urskive

esfera

timeviser

manecilla de las horas

minutviser

minutero

sekundviser

segundero

Hvad er klokken?

¿Qué hora es?

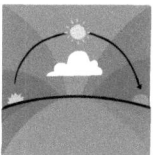

dag

día

tid

tiempo

nu

ahora

digitalur

reloj digital

minut

minuto

time

hora

uge
semana

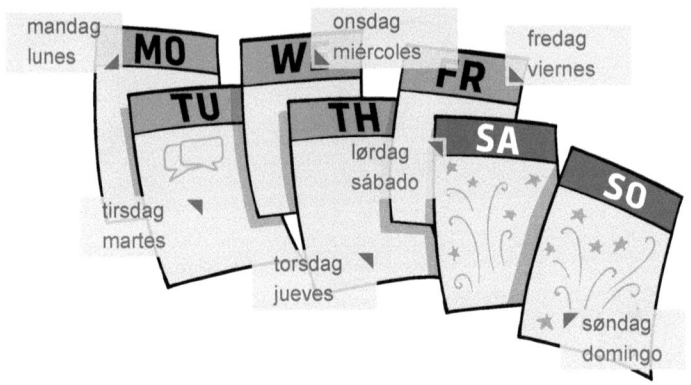

mandag
lunes

onsdag
miércoles

fredag
viernes

tirsdag
martes

lørdag
sábado

torsdag
jueves

søndag
domingo

i går
ayer

i dag
hoy

i morgen
mañana

morgen
mañana

middag
mediodía

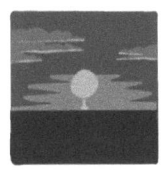

aften
tarde

arbejdsdage
días laborables

weekend
fin de semana

år

año

regn
lluvia
regnbue
arcoíris
vind
viento
sne
nieve
forår
primavera
sommer
verano
efterår
otoño
vinter
invierno

4.APRIL 11°
5.APRIL 4°
6.APRIL 13°
7.APRIL 8°
8.APRIL 10°

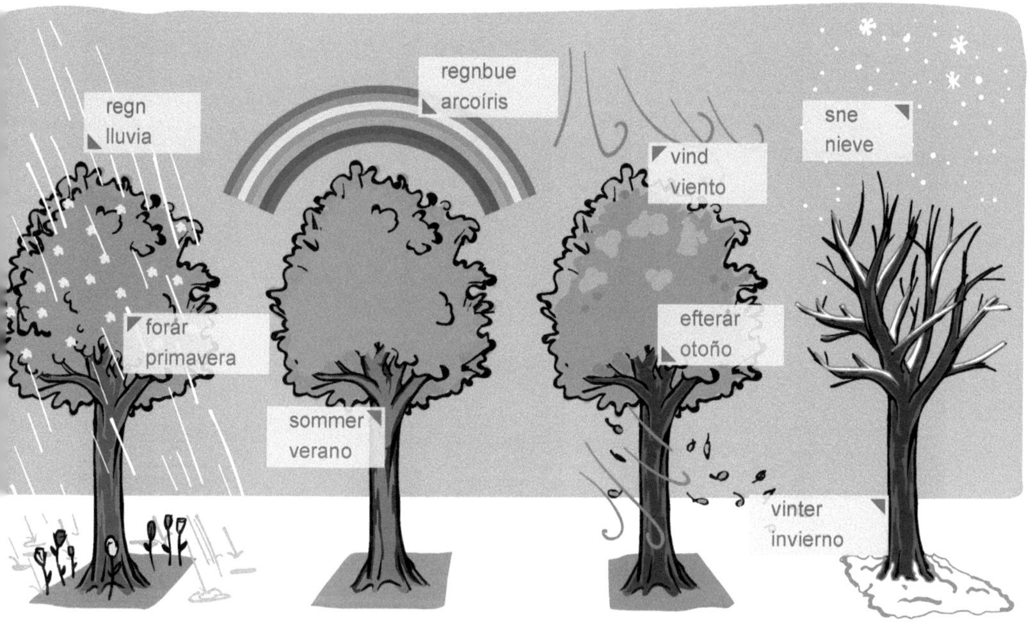

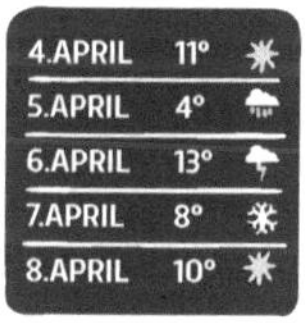

vejrudsigt

pronóstico del tiempo

F C
120 40
90 30
60 20
30 10
0 0
-30 -10
-20

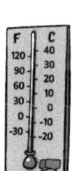

termometer

termómetro

solskin

sol

sky

nube

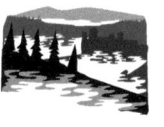

tåge

niebla

luftfugtighed

humedad

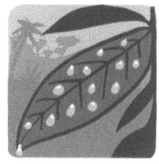

lyn
rayo

torden
trueno

storm
tormenta

hagl
granizo

monsun
monzón

flod
inundación

is
hielo

januar
enero

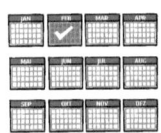

februar
febrero

marts
marzo

april
abril

maj
mayo

juni
junio

juli
julio

august
agosto

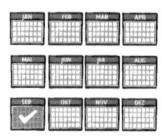

september
....
septiembre

oktober
....
octubre

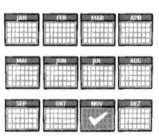

november
....
noviembre

december
....
diciembre

cirkel
....
círculo

kvadrat
....
cuadrado

firkant
....
rectángulo

trekant
....
triángulo

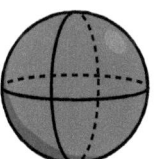

kugle
....
esfera

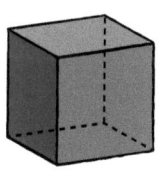

terning
....
cubo

hvid

blanco

gul

amarillo

orange

anaranjado

pink

rosa

rød

rojo

lilla

morado

blå

azul

grøn

verde

brun

marrón

grå

gris

sort

negro

meget / lidt

mucho / poco

rasende / fredelig

enojado / tranquilo

smuk / grim

bonito / feo

begyndelse / slut

principio / fin

stor / lille

grande / pequeño

lys / mørk

claro / oscuro

bror / søster

hermano / hermana

ren / snavset

limpio / sucio

fuldkommen / ufuldkommen

completo / incompleto

dag / nat

día / noche

død / levende

muerto / vivo

bred / smal

ancho / estrecho

spiselig / uspiselig

comestible / no comestible

vred / venlig

malo / amable

ophidset / kedet

entusiasmado / aburrido

tyk / tynd

gordo / delgado

først / sidst

primero / último

ven / fjende

amigo / enemigo

fuld / tom

lleno / vacío

hård / blød

duro / blando

tung / let

pesado / ligero

sult / tørst

hambre / sed

syg / rask

enfermo / sano

illegal / legal

ilegal / legal

intelligent / dum

inteligente / tonto

venstre / højre

izquierda / derecha

nær / fjern

cerca / lejos

ny / brugt
nuevo / usado

intet / noget
nada / algo

gammel / ung
viejo / joven

tændt / slukket
encendido / apagado

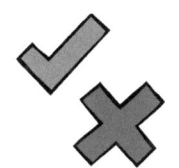

åben / lukket
abierto / cerrado

stille / højt
silencioso / ruidoso

rig / fattig
rico / pobre

rigtig / forkert
correcto / incorrecto

ru / glat
áspero / suave

ked af det / lykkelig
triste / contento

kort / lang
corto / largo

langsom / hurtig
lento / rápido

våd / tør
húmedo / seco

varm / kold
cálido / frío

krig / fred
guerra / paz

0

nul

cero

1

en

uno

2

to

dos

3

tre

tres

4

fire

cuatro

5

fem

cinco

6

seks

seis

7

syv

siete

8

otte

ocho

9

ni

nueve

10

ti

diez

11

elleve

once

12

tolv

doce

13

tretten

trece

14

fjorten

catorce

15

femten

quince

16

seksten

dieciséis

17

sytten

diecisiete

18

atten

dieciocho

19

nitten

diecinueve

20

tyve

veinte

100

hundrede

cien

1.000

tusinde

mil

1.000.000

million

millón

engelsk

inglés

amerikansk engelsk

inglés americano

kinesisk mandarin

chino mandarín

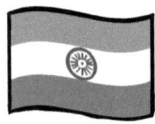

hindi

hindi

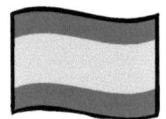

spansk

español

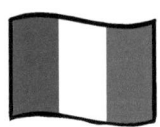

fransk

francés

arabisk

árabe

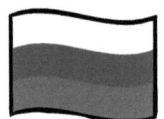

russisk

ruso

portugisisk

portugués

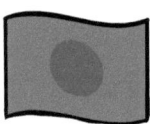

bengalsk

bengalí

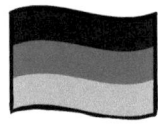

tysk

alemán

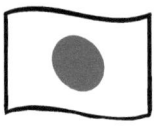

japansk

japonés

jeg

yo

du

tú

han / hun / den / det

él / ella / ello

vi

nosotros/as

I

vosotros/as

de

ellos/as

hvem?

¿quién?

hvad?

¿qué?

hvordan?

¿cómo?

hvor?

¿dónde?

hvornår?

¿cuándo?

navn

nombre

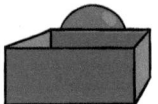

bag

detrás

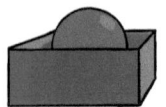

i

en

foran

delante de

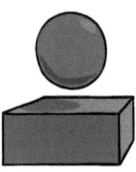

over

por encima de

på

sobre

under

debajo de

ved siden af

junto a

imellem

entre

sted

lugar